Léon Denis

LE POURQUOI DE LA VIE

Solution rationnel du problème de l'Existence

© 2023 Culturea Editions
Texte et illustration de couverture : © domaine public
Edition : Culturea (Hérault, 34)
Contact : infos@culturea.fr
Retrouvez notre catalogue sur http://culturea.fr
Imprimé en Allemagne par Books on Demand
Design typographique : Derek Murphy
Layout : Reedsy (https://reedsy.com/)
ISBN : 9791041815999
Dépôt légal : Juin 2023
Tous droits réservés pour tous pays

TABLE DES MATIÈRES

LE POURQUOI DE LA VIE

Par Léon Denis

SOLUTION RATIONNELLE

DU PROBLÈME DE L'EXISTENCE

Ce que nous sommes.

D'où nous venons ?

Où nous allons ?

CEUX QUI SOUFFRENT

C'est à vous, ô mes frères et sœurs en humanité, à vous tous que le fardeau de la vie a courbés, à vous que les âpres luttes, les soucis, les épreuves ont accablés, que je dédie ces pages. C'est à votre intention, affligés, déshérités de ce monde, que je les ai écrites. Humble pionnier de la vérité et du progrès, j'ai mis en elles le fruit de mes veilles, mes réflexions, mes espérances, tout ce qui m'a consolé, soutenu dans ma marche ici-bas.

Puissiez-vous y trouver quelques enseignements utiles, un peu de lumière pour éclairer votre chemin. Puisse cette œuvre modeste être pour votre esprit attristé ce qu'est l'ombre au travailleur brûlé du soleil, ce qu'est, dans le désert aride, la source limpide et fraîche, s'offrant aux regards du voyageur altéré !

I

DEVOIR ET LIBERTÉ

Quel homme, aux heures de silence et de recueillement, n'a jamais interrogé la nature et son propre cœur, leur demandant le secret des choses, le pourquoi de la vie, la raison d'être de l'univers ? Où est celui qui n'a jamais cherché à connaître ses destinées, à soulever le voile de la mort, à savoir si Dieu est une fiction ou une réalité ? Il n'est pas d'être humain, si insouciant soit-il, qui n'ait envisagé quelquefois ces redoutables problèmes. La difficulté de les résoudre, l'incohérence et la multiplicité des théories qu'ils ont fait naître, les déplorables conséquences qui découlent de la plupart des systèmes répandus, tout cet ensemble confus, en fatiguant l'esprit humain, l'a rejeté dans l'indifférence et le scepticisme.

Pourtant, l'homme a besoin de savoir ; il a besoin du rayon qui éclaire, de l'espoir qui console, de la certitude qui guide et qui soutient. Et il a aussi le moyen de connaître, la possibilité de voir la vérité se dégager des ténèbres et l'inonder de sa bienfaisante lumière. Pour cela, il doit se détacher des systèmes préconçus, descendre au fond de lui-même, écouter cette voix intérieure qui parle à tous, et que les sophismes ne peuvent tromper : la voix de la raison, la voix de la conscience.

Ainsi ai-je fait. Longtemps j'ai réfléchi ; j'ai médité sur les problèmes de la vie et de la mort ; avec persévérance j'ai sondé ces profonds abîmes. J'ai adressé à l'éternelle sagesse un ardent appel, et Elle m'a répondu, comme Elle répond à tout.

Esprit animé de l'amour du bien. Des preuves évidentes, des faits d'observation directe sont venus confirmer les déductions de ma pensée, offrir à mes convictions une base solide, inébranlable. Après avoir douté, j'ai cru ; après avoir nié, j'ai vu. Et la paix, la confiance, la force morale sont descendues en moi. Ce sont ces biens que, dans la sincérité de mon cœur, désireux d'être utile à mes semblables, je viens offrir à ceux qui souffrent et qui désespèrent.

Jamais le besoin de lumière ne s'est fait sentir d'une manière plus impérieuse. Une immense transformation s'opère au sein des sociétés. Après avoir été soumis pendant une longue suite de siècles aux principes d'autorité, l'homme aspire de plus en plus à secouer toute entrave, à se diriger lui-même. En même temps que les institutions politiques et sociales se modifiaient, les croyances religieuses, la foi aux dogmes se sont affaiblies. C'est encore là une des conséquences de la liberté dans son application aux choses de la pensée et de la conscience. La liberté, dans tous les domaines, tend à se substituer à la contrainte et à l'autorité, à guider les nations vers des horizons nouveaux. Le droit de quelques-uns est devenu le droit de tous ; mais, pour que ce droit souverain soit conforme à la justice et porte ses fruits, il faut que la connaissance des lois morales en vienne régler l'exercice. Pour que la liberté soit féconde, pour qu'elle offre aux œuvres humaines une base sûre et durable, elle doit être complétée par la lumière, la sagesse, la vérité. La liberté, pour des hommes ignorants et vicieux, n'est-elle pas comme une arme puissante entre des mains d'enfant ? L'arme, dans ce cas, se retourne souvent contre celui qui la porte et le blesse.

II
LES PROBLÈMES DE L'EXISTENCE

Ce qu'il importe à l'homme de savoir par-dessus tout, c'est ce qu'il est, d'où il vient, où il va, quelles sont ses destinées. Les idées que nous nous faisons de l'univers et de ses lois, du rôle que chacun de nous doit jouer sur ce vaste théâtre, ces idées sont d'une importance capitale. C'est d'après elles que nous dirigeons nos actes. C'est en les consultant que nous assignons un but à notre vie et marchons vers ce but. Là est la base, le vrai mobile de toute civilisation. Tant vaut l'idéal, tant vaut l'homme. Pour les collectivités, comme pour l'individu, c'est la conception du monde et de la vie qui détermine les devoirs ; elle fixe la voie à suivre, les résolutions à adopter.

Mais, ainsi que nous l'avons dit, la difficulté de résoudre ces problèmes les fait trop souvent rejeter. L'opinion du grand nombre est vacillante, indécise ; les actes, les caractères s'en ressentent. C'est là le mal de l'époque, la cause du trouble auquel elle est en proie. On a l'instinct du progrès ; on veut marcher, mais pour aller où ? C'est à quoi l'on ne songe pas assez. L'homme ignorant de ses destinées est semblable à un voyageur qui parcourt machinalement une route, sans en connaître ni le point de départ, ni le point d'arrivée, et ne sait pas pourquoi il voyage ;

qui, par suite, est toujours disposé à s'arrêter au moindre obstacle, et perd son temps sans souci du but à atteindre.

L'insuffisance, l'obscurité des doctrines religieuses, les abus qu'elles ont engendrés jettent nombre d'esprits dans le matérialisme. On croit volontiers que tout finit à la mort, que l'homme n'a d'autre destinée que de s'évanouir dans le néant.

Nous démontrerons plus loin combien cette manière de voir est en opposition flagrante avec l'expérience et la raison. Disons dès maintenant qu'elle est destructive de toute notion de justice et de progrès.

Si la vie est circonscrite du berceau à la tombe, si les perspectives de l'immortalité ne viennent pas éclairer notre existence, l'homme n'a plus d'autre loi que celle de ses instincts, de ses appétits, de ses jouissances. Peu importe qu'il aime le bien, l'équité. S'il ne fait que paraître et disparaître en ce monde, s'il emporte avec lui dans l'oubli ses espérances et ses affections, il souffrira d'autant plus que ses aspirations seront plus pures, plus élevées ; aimant la justice, soldat du droit, il se croit condamné à n'en voir presque jamais la réalisation ; passionné pour le progrès, sensible aux maux de ses semblables, il s'imagine qu'il s'éteindra avant d'avoir vu triompher ses principes.

Avec la perspective du néant, plus vous aurez pratiqué le dévouement et la justice, plus votre vie sera fertile en amertumes et en déceptions. L'égoïsme bien compris serait la suprême sagesse ; l'existence perdrait toute grandeur, toute dignité. Les plus nobles facultés, les plus généreuses tendances de l'esprit humain finiraient par se flétrir, par s'éteindre entièrement.

La négation de la vie future supprime aussi toute sanction morale. Avec elle, qu'ils soient bons ou mauvais, criminels ou sublimes, tous les actes aboutissent aux mêmes résultats. Il n'est pas de compensation aux existences misérables, à l'obscurité, à l'oppression, à la douleur ; il n'est plus de consolation dans l'épreuve, plus d'espérance pour les affligés. Aucune différence n'attend, dans l'avenir, l'égoïste qui a vécu pour lui seul et souvent aux dépens de ses semblables, et le martyr ou l'apôtre qui aura souffert, succombé en combattant pour l'émancipation et le progrès de la race humaine. La même ombre leur servira de linceul.

Si tout finit à la mort, l'être n'a donc aucune raison de se contraindre, de comprimer ses instincts, ses goûts. En dehors des lois terrestres, rien ne peut le retenir. Le bien et le mal, le juste et l'injuste se confondent également et se mêlent dans le néant. Et le suicide sera toujours un moyen d'échapper aux rigueurs des lois humaines.

La croyance au néant, en même temps qu'elle ruine toute sanction morale, laisse irrésolu le problème de l'inégalité des existences, en ce qui touche la diversité des facultés, des aptitudes, des situations, des mérites. En effet, pourquoi aux uns tous les dons de l'esprit et du cœur, les faveurs de la fortune, alors que tant d'autres, n'ont en partage que pauvreté intellectuelle, vices et misère ? Pourquoi, dans une même famille, des parents, des frères, issus de la même chair et du même sang, diffèrent-ils essentiellement sur tant de points ? Autant de questions insolubles pour les matérialistes, ainsi que pour bien des croyants. Ces questions, nous allons les examiner brièvement à la lumière de la raison.

III
ESPRIT ET MATIÈRE

Il n'est pas d'effet sans cause ; rien ne procède de rien. Ce sont là des axiomes, c'est-à-dire des vérités incontestables. Or, comme on constate en chacun de nous l'existence de forces, de puissances qui ne peuvent être considérées comme matérielles, il y a nécessité, pour en expliquer la cause, de remonter à une autre source que la matière, à ce principe que nous nommons âme ou esprit.

Lorsque, descendant au fond de nous-mêmes nous voulons apprendre à nous connaître, à analyser nos facultés ; lorsque, écartant de notre âme l'écume qu'y accumule la vie, l'épaisse enveloppe dont les préjugés, les erreurs, les sophismes ont revêtu notre intelligence, nous pénétrons dans les replis les plus intimes de notre être, nous nous y trouvons face à face avec ces principes augustes sans lesquels il n'est pas de grandeur pour l'humanité : l'amour du bien, le sentiment de la justice et du progrès. Ces principes, qu'on retrouve à des degrés divers, aussi bien chez l'ignorant que chez l'homme de génie, ne peuvent provenir de la matière, qui est dépourvue de tels attributs. Et si la matière ne possède pas ces qualités, comment pourrait-elle former, seule, des êtres qui en sont doués ? Le sens du beau et du vrai, l'admiration que nous éprouvons pour les œuvres grandes et généreuses, ne sauraient avoir la même origine que la chair de nos membres ou le sang de nos veines. Ce sont plutôt là comme les reflets d'une haute et pure lumière qui brille en chacun de nous, de même que le soleil se reflète sur les eaux, que ces eaux soient troubles ou limpides.

En vain prétendrait - on que tout est matière. Eh quoi nous ressentons de puissants élans d'amour et de bonté nous aimons la vertu, le dévouement, l'héroïsme ; le sentiment de la beauté morale est gravé en nous ; l'harmonie des choses et des lois nous pénètre, nous ravit ; et rien de tout cela ne nous distinguerait de la matière ! Nous sentons, nous aimons, nous possédons la conscience, la volonté et la raison ; et nous procéderions d'une cause qui ne renferme ces qualités à aucun degré, d'une cause qui ne sent, n'aime ni ne connaît rien, qui est aveugle et muette ! Supérieurs à la force qui nous produit, nous serions plus parfaits et meilleurs qu'elle !

Une telle manière de voir ne supporte pas l'examen. L'homme participe de deux natures. Par son corps, par ses organes, il dérive de la matière ; par ses facultés intellectuelles et morales, il est esprit.

Disons plus exactement encore, au sujet du corps humain, que les organes composant cette admirable machine sont semblables à des rouages incapables d'agir sans un moteur, sans une volonté qui les mette en action. Ce moteur, c'est l'âme. Un troisième élément relie les deux autres, transmettant aux organes les ordres de la pensée. Cet élément est le *périspri* t, matière éthérée qui échappe à nos sens. Il enveloppe l'âme, l'accompagne après la mort, dans ses pérégrinations infinies, s'épurant, progressant avec elle, lui constituant une corporéïté diaphane, vaporeuse.

Nous reviendrons plus loin sur l'existence de ce *périsprit,* appelé aussi double fluidique. [1]

L'esprit gît en la matière comme un prisonnier en sa cellule ; les sens sont les ouvertures par lesquelles il communique avec le monde extérieur. Mais, tandis que la matière décline tôt ou tard, périclite et se désagrège, l'esprit augmente en puissance, se fortifie par l'éducation et l'expérience. Ses aspirations grandissent, s'étendent par delà le tombeau ; son besoin de savoir, de connaître, de vivre est sans borne. Tout montre que l'être humain n'appartient que temporairement à la matière. Le corps n'est qu'un vêtement d'emprunt, une forme passagère, un instrument à l'aide duquel l'âme poursuit en ce monde son œuvre d'épuration et de progrès. La vie spirituelle est la vie normale, véritable, sans fin.

IV
HARMONIE DE L'UNIVERS

Étant donnée l'existence en nous d'un principe intelligent et raisonnable, l'enchaînement des causes et des effets nous fait remonter, pour en expliquer l'origine jusqu'à la source d'où il découle. Cette source, dans leur pauvre et insuffisant langage, les hommes l'appellent Dieu.

Dieu est le centre d'où émanent et où reviennent aboutir toutes les puissances de l'univers. Il est le foyer d'où rayonne toute idée de justice, de solidarité et d'amour ; le but commun vers lequel tous les êtres s'acheminent, sciemment ou inconsciemment. C'est de nos rapports avec le grand Architecte des mondes que découlent l'harmonie universelle, la communauté, la fraternité. Pour être frères, en effet, il faut avoir un père commun, et ce père ne peut être que Dieu.

Dieu, dira-t-on, a été présenté sous des aspects si étranges, parfois si révoltants par les hommes de secte, que l'esprit moderne s'est détourné de lui. Mais qu'importent ces divagations des sectaires ! Prétendre que Dieu peut être amoindri par les propos des hommes équivaut à dire que le mont Blanc et l'Himalaya peuvent être souillés par le souffle d'un moucheron. La vérité plane radieuse, éblouissante, bien au-dessus des obscurités théologiques.

Pour l'entrevoir, cette vérité, la pensée doit se dégager des préceptes étroits, des pratiques vulgaires, rejeter des formes puériles dont certaines religions ont enveloppé le suprême idéal. Elle doit étudier Dieu dans la majesté de ses œuvres.

À l'heure où tout repose dans nos cités, quand la nuit est transparente et que le silence se fait sur la terre assoupie ; alors, ô homme ! Mon frère, élève tes regards et contemple l'infini des cieux.

Observe la marche rythmée des astres, évoluant dans les profondeurs. Ces feux innombrables sont des mondes auprès desquels la Terre n'est qu'un atome, des soleils prodigieux qu'entourent des cortèges de sphères et dont la course rapide se mesure à chaque minute par millions d'années-lumière. Des distances effrayantes nous en séparent. C'est pourquoi ils nous paraissent comme de simples points lumineux. Mais, dirige vers eux cet œil colossal de la science, le radiotélescope, tu distingueras leurs surfaces semblables à des océans de flamme.

Tu chercheras en vain à les compter ; ils se multiplient jusque dans les régions les plus reculées ils se confondent dans l'éloignement, comme une poussière lumineuse. Vois aussi sur les mondes voisins de la Terre se dessiner les vallées et les montagnes, se creuser les mers, se mouvoir les nuages. Reconnais que les manifestations de la vie se produisent partout, et qu'un ordre admirable unit, sous des lois uniformes et par des destinées communes, la Terre et ses sœurs, les planètes errant dans l'infini. Sache que tous ces mondes, habités par d'autres sociétés humaines, s'agitent, s'éloignent, se rapprochent ébranlés par des vitesses diverses, parcourant des orbes immenses ; que partout le mouvement, l'activité, la vie, se montrent en un spectacle grandiose. Observe notre globe lui-même, cette Terre, notre mère, laquelle semble nous dire : Votre chair est la mienne, vous êtes mes enfants. Observe-là, cette grande nourrice de l'humanité ; vois l'harmonie de ses contours, ses continents, au sein desquels les nations ont germé et grandi, ses vastes océans toujours mobiles ; suis le renouvellement des saisons la revêtant tour à tour de vertes parures ou de blondes moissons ; contemple les végétaux, les êtres vivants qui la peuplent : oiseaux, insectes, plantes et fleurs ; chacune de ces choses est une ciselure merveilleuse, un bijou de l'écrin divin. Observe-toi toi-même ; vois le jeu admirable de tes organes, le mécanisme merveilleux et compliqué de tes sens. Quel génie humain pourrait imiter ces chefs-d'œuvre délicats : l'œil et l'oreille ?

Considère toutes ces choses et demande à ta raison, à ton jugement, si tant de beauté, de splendeur, d'harmonie, peuvent résulter du hasard, ou si ce n'est pas plutôt une cause intelligente qui préside à l'ordre du monde et à l'évolution de la vie. Et si tu m'objectes les fléaux, les catastrophes, tout ce qui vient troubler cet ordre admirable, je te répondrai : Scrute les problèmes de la nature, ne t'arrête pas à la surface, descends au fond des choses et tu découvriras avec étonnement que des apparentes contradictions ne font que confirmer l'harmonie générale, qu'elles sont utiles au progrès des êtres, qui est l'unique but de l'existence.

Si Dieu a fait le monde, ripostent triomphalement certains matérialistes, qui donc a fait Dieu ? Cette objection n'a pas de sens. Dieu n'est pas un être s'ajoutant à la série des êtres. Il est l'Être universel, sans limites dans le temps et dans l'espace, par conséquent infini, éternel. Il ne peut y avoir aucun être au-dessus ni à côté de lui. Dieu est la source et le principe de toute vie. C'est par lui que se relient, s'unissent, s'harmonisent toutes les forces individuelles, sans lui isolées et divergentes.

Abandonnées à elles-mêmes, n'étant pas régies par une loi, une volonté supérieure, ces forces n'auraient produit que confusion et chaos. L'existence d'un plan général, d'un but commun, auxquels participent toutes les puissances de l'univers prouve l'existence d'une cause, d'une intelligence suprême, qui est Dieu.

V
LES VIES SUCCESSIVES

Nous l'avons dit : afin d'éclairer son avenir, l'homme doit avant tout apprendre à se connaître. Pour marcher d'un pas assuré, il faut savoir où l'on va. C'est en conformant ses actes aux lois supérieures que l'homme travaillera efficacement à son amélioration, à celle du milieu social. L'important est de discerner ces lois, de déterminer les devoirs qu'elles nous imposent, de prévoir les conséquences de nos actions. Le jour où il sera pénétré de la grandeur de son rôle, l'être humain saura mieux se détacher de ce qui l'amoindrit et l'abaisse ; il saura se gouverner d'après la sagesse, préparer par ses efforts l'union féconde des hommes en une grande famille de frères.

Mais nous sommes encore loin de cet état de choses. Quoique l'humanité avance dans la voie du progrès, on peut dire cependant que l'immense majorité de ses membres marche à travers la vie comme au milieu d'une nuit obscure, s'ignorant elle-même, ne sachant rien du but réel de l'existence.

D'épaisses ténèbres voilent la raison humaine. Les rayons de la vérité n'arrivent à elle que pâles, affaiblis, impuissants à éclairer les routes sinueuses que suivent les innombrables légions en marche, impuissants à faire resplendir à leurs yeux le but idéal et lointain.

Ignorant de ses destins, flottant sans cesse du préjugé à l'erreur, l'homme maudit parfois la vie. Pliant sous son fardeau, il rejette sur ses semblables la cause des épreuves qu'il endure et qu'engendre trop souvent son imprévoyance. Révolté contre Dieu, qu'il accuse d'injustice, il arrive même quelquefois, dans sa folie et son désespoir, à déserter le combat salutaire, la lutte qui, seule, peut fortifier son âme, éclairer son jugement, le préparer à des travaux d'un ordre plus élevé.

Pourquoi en est - il ainsi ? Pourquoi l'homme descend - il faible et désarmé dans la grande arène où se livre sans trêve, sans relâche, l'éternelle et gigantesque bataille ? C'est que ce globe de la Terre n'est qu'un degré inférieur de l'échelle des mondes. Il n'y réside guère que des esprits enfants, c'est-à-dire des âmes nées depuis peu à la raison. La matière trône en souveraine sur notre monde. Elle nous courbe sous son joug, limite nos facultés, arrête nos élans vers le bien, nos aspirations vers l'idéal.

Aussi, pour discerner le pourquoi de la vie, pour entrevoir la loi suprême qui régit les âmes et les mondes, faut - il savoir s'affranchir de ces lourdes influences, se dégager des préoccupations d'ordre matériel, de toutes ces choses passagères et changeantes qui encombrent notre esprit, obscurcissant nos jugements. C'est en nous élevant par la pensée au-dessus des horizons de la vie, en faisant abstraction du temps et du lieu, en planant en quelque sorte au-dessus des détails de l'existence, que nous apercevrons la vérité,

Par un effort de volonté, abandonnons un instant la Terre, gravissons ces hauteurs imposantes. De leur sommet se déroulera pour nous l'immense panorama des âges sans nombre et des espaces sans limites. De même que le soldat, perdu dans la mêlée, ne voit que confusion autour de lui, tandis que le général, dont le regard embrasse toutes les péripéties de la bataille, en suppute et en prévoit les résultats ; de même que le voyageur, égaré dans les replis du terrain peut, en gravissant la montagne, les voir se fondre en un plan grandiose ; ainsi l'âme humaine, de ces cimes où elle plane, loin des bruits de la terre, loin des bas-fonds obscurs, découvre l'harmonie universelle. Ce qui d'en bas lui paraissait contradictoire, inexplicable et injuste, vu d'en haut, se relie, s'éclaire ; les sinuosités du chemin se redressent ; tout s'unit, s'enchaîne ; à l'esprit ébloui apparaît l'ordre majestueux qui règle le cours des existences et la marche des univers.

De ces hauteurs illuminées, la vie n'est plus à nos yeux, comme elle l'est à ceux de la foule, la poursuite vaine de satisfactions éphémères, mais un moyen de perfectionnement intellectuel, d'élévation morale ; une école où s'apprennent la douceur, la patience, le devoir. Et cette vie, pour être efficace, ne peut être isolée. Hors de ses limites, avant la naissance et après la mort, nous voyons, dans une sorte de pénombre, se dérouler une multitude d'existences à travers lesquelles, au prix du travail et de la souffrance, nous avons conquis pièce à pièce, lambeau par lambeau, le peu de savoir et de qualités que nous possédons ; par elles également nous conquerrons ce qui nous manque : une raison parfaite, une science sans lacunes, un amour infini pour tout ce qui vit.

L'immortalité, semblable à une chaîne sans fin, se déroule pour chacun de nous dans l'immensité des temps. Chaque existence est un chaî-

non qui se relie en arrière et en avant à un chaînon distinct, à une vie différente, mais solidaire des autres. Le présent est la conséquence du passé
et la préparation de l'avenir. De degré en degré, l'être s'élève et grandit.
Artisan de ses propres destinées, l'âme humaine, libre et responsable,
choisit sa route ; et, si cette route est mauvaise, les chutes qu'elle y fera,
les cailloux et les ronces qui la déchireront, auront pour effet de développer son expérience, d'éclairer sa raison naissante.

VI
JUSTICE ET PROGRÈS

La loi supérieure de l'univers, c'est le progrès incessant, l'ascension des êtres vers Dieu, foyer des perfections. Des profondeurs de l'abîme de vie, par une route infinie et une évolution constante, nous nous rapprochons de lui. Au fond de chaque âme est déposé le germe de toutes les facultés, de toutes les puissances ; c'est à elle de les faire éclore par ses efforts et ses travaux. Envisagé sous cet aspect, notre avancement, notre bonheur à venir est notre œuvre. La grâce n'a plus raison d'être. La justice rayonne sur le monde ; car, si tous nous avons lutté et souffert, tous nous serons sauvés.

De même se révèle ici dans toute sa grandeur le rôle de la douleur, son utilité pour l'avancement des êtres. Chaque globe roulant dans l'espace est un vaste atelier où la substance spirituelle est incessamment travaillée. Ainsi qu'un minerai grossier, sous l'action du feu et des eaux, se change peu à peu en un pur métal, ainsi l'âme humaine, sous les lourds marteaux de la douleur se transforme et se fortifie. C'est au milieu des épreuves que se trempent les grands caractères. La douleur est la purification suprême, la fournaise où fondent tous les éléments impurs qui nous souillent : l'orgueil, l'égoïsme, l'indifférence. C'est la seule école où s'affinent les sensations, où s'apprennent la pitié, la résignation stoïque. Les jouissances sensuelles, en nous attachant à la matière, retardent notre élévation, tandis que le sacrifice, l'abnégation, nous dégagent par anticipation de cette épaisse gangue, nous préparent à de nouvelles étapes, à une ascension plus haute. L'âme, purifiée, sanctifiée par les épreuves, voit cesser des incarnations douloureuses. Elle quitte à jamais les globes matériels et s'élève sur l'échelle magnifique des mondes heureux. Elle parcourt le champ sans bornes des espaces et des âges. À chaque pas en avant, elle voit ses horizons s'élargir et sa sphère d'action s'accroître ; elle perçoit de plus en plus distinctement la grande harmonie des lois et des choses, y participe d'une manière plus étroite, plus effective. Alors le temps s'efface pour elle ; les siècles, s'écoulent comme des heures. Unie à ses sœurs, compagnes de l'éternel voyage, elle poursuit son ascension intellectuelle et morale au sein d'une lumière toujours grandissante.

De nos observations et de nos recherches se dégage ainsi une grande loi : la pluralité des existences de l'âme. Nous avons vécu avant la naissance et nous revivrons après la mort. Cette loi donne la clef des problèmes jusqu'ici insolubles. Elle seule explique l'inégalité des conditions, la variété infinie des aptitudes et des caractères. Nous avons connu ou nous connaîtrons successivement toutes les phases de la vie sociale, nous traverserons tous les milieux. Dans le passé, nous étions comme ces sauvages qui peuplent les continents attardés ; dans l'avenir, nous pourrons nous élever à la hauteur des génies immortels, des esprits géants qui, semblables à des phares lumineux, éclairent la marche de l'humanité. L'histoire de celle-ci est notre histoire. Avec elle, nous avons parcouru les voies ardues, subi les évolutions séculaires que relatent les annales des nations. Le temps et le travail : voilà les éléments de nos progrès.

Cette loi de la réincarnation montre d'une manière éclatante la souveraine justice régnant sur tous les êtres. Tour à tour nous forgeons et nous brisons nous-mêmes nos chaînes. Les épreuves effrayantes dont souffrent certains d'entre nous sont, en général, la conséquence de leur conduite passée. Le despote renaît esclave ; la femme altière, vaniteuse de sa beauté, reprendra un corps informe, souffreteux ; l'oisif reviendra mercenaire, courbé sous une tâche ingrate. Celui qui a fait souffrir souffrira à son tour. Inutile de chercher l'enfer dans des régions inconnues ou lointaines, l'enfer est en nous, il se cache dans les replis ignorés de l'âme coupable, dont l'expiation peut seule faire cesser les douleurs. Il n'est pas de peines éternelles. Mais, dira-t-on, si d'autres vies ont précédé la naissance, pourquoi en avons-nous perdu le souvenir ? Comment pourrions-nous expier avec fruit des fautes oubliées ?

Le souvenir ! ne serait - ce pas un lourd boulet attaché à nos pieds ? Sortant à peine des âges de fureur et de bestialité, qu'a dû être ce passé de chacun de nous ? À travers les étapes franchies, que de larmes versées, que de sang répandu par notre fait ! Nous avons connu la haine et pratiqué l'injustice. Quel fardeau moral que cette longue perspective de fautes pour un esprit encore débile et chancelant !

Et puis, le souvenir de notre propre passé ne serait - il pas lié d'une manière intime au souvenir du passé des autres ? Quelle situation pour le coupable, marqué au fer rouge pour l'éternité ! Par la même raison, les haines, les erreurs se perpétueraient, creusant des divisions profondes, ineffaçables, au sein de cette humanité déjà si déchirée. Dieu a bien fait d'effacer de nos faibles cerveaux le souvenir d'un passé redoutable. Après avoir bu le breuvage d'oubli, nous renaissons à une vie nouvelle. Une éducation différente, une civilisation plus large font évanouir les chimères qui hantèrent autrefois notre esprit. Allégés de ce bagage encombrant nous avançons d'un pas plus rapide dans les voies qui nous sont ouvertes.

Cependant, ce passé n'est pas tellement effacé que nous ne puissions en entrevoir quelques vestiges. Si, nous dégageant des influences extérieures, nous descendons au fond de notre être ; si nous analysons avec soin nos goûts, nos aspirations, nous découvrirons des choses que rien dans notre existence actuelle et avec l'éducation reçue ne peut expliquer. Partant de là, nous arrivons à reconstituer ce passé, sinon dans ses détails, au moins dans ses grandes lignes. Quant aux fautes entraînent dans cette vie une expiation nécessaire, quoiqu'elles soient effacées momentanément à nos yeux, leur cause première n'en subsiste pas moins, toujours visible, c'est-à-dire nos passions, notre caractère fougueux, que de nouvelles incarnations ont pour but de dompter, d'assouplir.

Ainsi donc, si nous laissons au seuil de la vie les plus dangereux souvenirs, nous apportons du moins avec nous les fruits et les conséquences de travaux accomplis, c'est-à-dire une conscience, un jugement, un caractère tels que nous les avons façonnés nous-mêmes. L'innéité n'est autre chose que l'héritage intellectuel et moral que nous lèguent les vies évanouies.

Et chaque fois que s'ouvrent pour nous les portes de la mort ; lorsque, affranchie du joug matériel, notre âme s'échappe de sa prison de chair pour rentrer dans l'empire des Esprits, alors le passé reparaît peu à peu devant elle. L'une après l'autre, sur la route suivie, elle revoit ses existences, les chutes, les haltes, les marches rapides. Elle se juge elle-même en mesurant le chemin parcouru. Dans le spectacle de ses hontes ou de ses mérites, étalés devant elle, elle trouve son châtiment ou sa récompense.

Le but de la vie étant le perfectionnement intellectuel et moral de l'être, quelle condition, quel milieu nous conviennent le mieux pour réaliser ce but ? L'homme peut travailler à ce perfectionnement dans toutes les conditions, tous les milieux sociaux ; cependant, il y réussira plus facilement dans certaines conditions déterminées.

La richesse procure à l'homme de puissants moyens d'étude ; elle lui permet de donner à son esprit une culture plus développée et plus parfaite ; elle met entre ses mains des facilités plus grandes de soulager ses frères malheureux, de participer, en vue de l'amélioration de leur sort à des fondations utiles. Mais ils sont rares ceux qui considèrent comme un devoir de travailler au soulagement de la misère, à l'instruction et à l'amélioration de leurs semblables.

La richesse dessèche trop souvent le cœur humain ; elle éteint cette flamme intérieure, cet amour du progrès et des améliorations sociales qui réchauffe toute âme généreuse ; elle élève une barrière entre les puissants et les humbles ; elle fait vivre dans un milieu que n'atteignent pas les déshérités de ce monde et où, par conséquent, les besoins, les maux de ceux-ci sont presque toujours ignorés, méconnus.

La misère a aussi ses effroyables dangers : la dégradation des caractères, le désespoir, le suicide. Mais tandis que la richesse nous rend indifférents, égoïstes, la pauvreté, en nous rapprochant des humbles, nous fait compatir à leur douleur. Il faut avoir souffert soi-même pour apprécier les souffrances d'autrui. Alors que les puissants, au sein des honneurs, se jalousent entre eux et cherchent à rivaliser d'éclat, les petits, rapprochés par le besoin, vivent parfois dans une touchante confraternité.

Voyez les oiseaux de nos climats pendant les mois d'hiver, lorsque le ciel est sombre, que la terre est couverte d'un blanc manteau de neige ; serrés les uns contre les autres, au bord d'un toit, ils se réchauffent mutuellement en silence. La nécessité les unit. Mais viennent les beaux jours, le soleil resplendissant, la provende abondante, ils piaillent à qui mieux mieux, se poursuivent, se battent, se déchirent. Ainsi est l'homme. Doux, affectueux pour ses semblables dans les jours de tristesse, la possession des biens matériels le rend trop souvent oublieux et dur.

Une condition modeste conviendra mieux à l'esprit désireux de progresser, d'acquérir les vertus nécessaires à son ascension morale. Loin du tourbillon des plaisirs menteurs, il jugera mieux la vie. Il demandera à la matière ce qui est nécessaire à la conservation de ses organes, mais il évitera de tomber dans des habitudes pernicieuses, de devenir la proie des innombrables besoins factices qui sont les fléaux de l'humanité. Il sera sobre et laborieux, se contentant de peu, s'attachant par-dessus tout aux plaisirs de l'intelligence et aux joies du cœur.

Ainsi fortifié contre les assauts de la matière, le sage, sous la pure lumière de la raison, verra resplendir ses destinées. Éclairé sur le but de la vie et le pourquoi des choses, il restera ferme, résigné devant la douleur ; il saura la faire servir à son épuration, à son avancement. Il affrontera l'épreuve avec courage, sachant que l'épreuve est salutaire, qu'elle est le choc qui déchire nos âmes, et que, par cette déchirure seule, peut s'épancher le fiel qui est en nous. Si les hommes se rient de lui, s'il est victime de l'injustice et de l'intrigue, il apprendra à supporter patiemment ses maux en reportant ses regards vers nos frères aînés, vers Socrate buvant la ciguë, vers Jésus en croix, vers Jeanne au bûcher. Il se consolera dans la pensée que les plus grands, les plus vertueux, les plus dignes, ont souffert et sont morts pour l'humanité.

Et quand enfin, après une existence bien remplie, viendra l'heure solennelle, c'est avec calme, c'est sans regret qu'il accueillera la mort ; la mort, que les humains entourent d'un sinistre appareil ; la mort, épouvante des puissants et des sensuels, et qui, pour le penseur austère, n'est que la délivrance, l'heure de la transformation, la porte qui s'ouvre sur l'empire lumineux des Esprits.

Ce seuil des régions supra-terrestres, il le franchira avec sérénité. Sa conscience, dégagée des ombres matérielles, se dressera devant lui comme un juge, représentant de Dieu, lui demandant : « Qu'as-tu fait de la vie ? Et il répondra : J'ai lutté, j'ai souffert, j'ai aimé, j'ai enseigné le bien, la vérité, la justice ; j'ai donné à mes frères l'exemple de la droiture, de la douceur ; j'ai soulagé ceux qui souffrent, consolé ceux qui pleurent. Et maintenant, que L'Éternel me juge, me voici entre ses mains ! »

VII
LE BUT SUPRÊME

Homme, mon frère, aie foi en ta destinée, car elle est grande. Tu es né avec des facultés incultes, des aspirations infinies, et l'éternité t'est donnée pour développer les unes et satisfaire les autres. Grandir de vie en vie, t'éclairer par l'étude, te purifier par la douleur, acquérir une science toujours plus vaste, des qualités toujours plus nobles ; voilà ce qui t'est réservé. Dieu a fait plus encore pour toi. Il t'a donné les moyens de collaborer à son œuvre ; de participer à la loi du progrès sans bornes, en ouvrant des voies nouvelles à tes semblables, en élevant tes frères, en les attirant à toi, en les initiant aux splendeurs du vrai et du beau, aux sublimes harmonies de l'univers. N'est-ce pas là créer, transformer âmes et mondes ? Et ce travail immense, fertile en jouissances, n'est-il pas préférable à un repos morne et stérile ? Collaborer avec Dieu ! Réaliser en tout et partout le bien, la justice ! Quoi de plus grand, de plus digne de ton esprit immortel !

Élève donc ton regard et embrasse les vastes perspectives de ton avenir. Puise dans ce spectacle l'énergie nécessaire pour affronter les vents et les orages du monde. Marche, vaillant, lutteur, gravis la pente qui conduit à ces cimes qu'on appelle vertu, devoir, sacrifice. Ne t'arrête pas en chemin à cueillir les fleurettes du buisson, à jouer avec les cailloux dorés. En avant toujours en avant !

Vois - tu dans les cieux splendides ces astres flamboyants, ces soleils innombrables entraînant dans leurs évolutions prodigieuses de brillants cortèges de planètes ? Que de siècles accumulés n'a-t-il pas fallu pour les former ! Que de siècles ne faudra-t-il pas pour les dissoudre ! Eh bien ! Un jour viendra où tous ces feux seront éteints, ou ces mondes gigantesques s'évanouiront pour faire place à des globes nouveaux, à d'autres familles d'astres émergeant des profondeurs. Rien de ce que tu vois aujourd'hui ne sera plus. Le vent des espaces aura a à jamais balayé la poussière de ces mondes usés ; mais toi, tu vivras toujours, poursuivant ta marche éternelle au sein d'une création sans cesse renouvelée. Que seront alors pour ton âme épurée, agrandie, les ombres et les soucis du présent ? Accidents éphémères de notre course, ils ne laisseront plus au fond de notre mémoire que de tristes ou de doux souvenirs. Devant les horizons infinis de l'immortalité, les maux du présent, les épreuves subies seront comme un nuage fugitif au milieu d'un ciel serein.

Mesure donc à leur juste valeur les choses de la Terre. Ne les dédaigne pas sans doute, car elles sont nécessaires à ton progrès, et ta mission est de contribuer à leur perfectionnement en te perfectionnant toi-même, mais n'y attache pas exclusivement ton âme et recherche avant tout les enseignements qu'elles contiennent. Par eux, tu comprendras que le but de la vie n'est ni la jouissance, ni le bonheur, mais plutôt au moyen du travail, de l'étude et de l'accomplissement du devoir, le développement de cette âme, de cette personnalité que tu retrouveras au-delà de la tombe, telle que tu l'auras façonnée toi-même dans le cours de ton existence terrestre.

VIII
PREUVES EXPÉRIMENTALES

La solution que nous venons de donner des problèmes de la vie est basée sur la plus rigoureuse logique. Elle est conforme aux croyances des grands génies de l'Antiquité, aux enseignements de Socrate, de Platon, d'Origène, à ceux des druides, dont les profondes vues, aujourd'hui reconstituées par l'histoire, confondent l'esprit humain, à vingt siècles de distance. Elle forme le fond des philosophies de l'Orient. Elle a inspiré des œuvres et des actes sublimes ; nos pères les Gaulois y puisaient leur indomptable courage, leur mépris de la mort. Dans les temps modernes, elle a été professée par Jean Reynaud, Henri Martin, Esquirros, Pierre Leroux, Victor Hugo, etc.

Cependant, malgré leur caractère absolument rationnel, malgré l'autorité des traditions sur lesquelles elles reposent, ces conceptions seraient qualifiées de pures hypothèses et reléguées dans le domaine de l'imagination, si nous ne pouvions les asseoir sur une base inébranlable, sur des expériences directes, sensibles, à la portée de tous.

Fatigué des théories et des systèmes, l'esprit humain, devant toute affirmation nouvelle, réclame aujourd'hui des preuves. Ces preuves de l'existence de l'âme, de son immortalité, le spiritualisme expérimental nous les apporte, matérielles, évidentes, il suffit d'observer froidement, sérieusement, d'étudier avec persévérance les phénomènes psychiques, pour se convaincre de leur réalité, de leur importance ; pour sentir quelles vastes conséquences ils auront, au point de vue des transformations sociales, en apportant une base positive, un solide point d'appui aux lois morales, à l'idéal de justice sans lesquels aucune civilisation ne peut s'accroître.

Les âmes des morts se révèlent aux humains. Elles manifestent leur présence, s'entretiennent avec nous, nous initient aux mystères des vies renaissantes, aux splendeurs de cet avenir qui sera le nôtre.

C'est là un fait réel, trop peu connu et trop souvent contesté. Les expériences du Spiritisme ont été accueillies par le sarcasme, et tous ceux qui s'en sont occupés au début ont été bafoués, ridiculisés, considérés comme des fous.

Tel a été de tout temps le sort des idées nouvelles, l'accueil réservé aux grandes découvertes. On a considéré comme trivial l'usage des tables tournantes ; mais les plus grandes lois de l'univers, les plus puissantes forces de la nature, ne se sont pas révélées d'une manière plus imposante. N'est-ce pas grâce aux expériences faites sur des grenouilles que l'électricité a été découverte ? La chute d'une pomme démontrait l'attraction universelle, et l'ébullition d'une marmite, l'action de la vapeur. Quant à être taxés de folie, les spirites partagent sur ce point le sort de Salomon de Caus, [2] de Harvey, [3] de Galvani [4] et de tant d'autres hommes de génie.

Chose digne de remarque : la plupart de ceux qui critiquent passionnément ces phénomènes ne les ont ni observés ni étudiés, ou bien ils l'ont fait superficiellement ; or, dans le nombre de ceux qui les connaissent et en affirment l'existence, on compte les plus grands savants de l'époque. Tels sont, parmi ces derniers, en Angleterre : Sir W. Crookes, membre de la Société royale de Londres, physicien éminent à qui on doit la découverte de la matière radiante ; Russel Wallace, l'émule de Darwin ; Warley, ingénieur en chef des télégraphes ; F. Myers, président de la *Psychical Research Society* ; O. Lodge, recteur de l'Université de Birmingham ; en Amérique, le jurisconsulte Edmonds, président du Sénat ; le professeur Mappes, de l'Académie nationale ; en Allemagne : l'astronome Zoellner ; en France : Camille Flammarion, le docteur Peul Gibier, élève de Pasteur, Vacquerie, Eugène Nus, C. Fauvety, le Colonel de Rochas, le professeur Ch. Richet, membre de l'institut, le docteur Maxwell, procureur général à la Cour d'appel de Bordeaux.

En Italie le célèbre professeur Lombroso après avoir longtemps contesté la possibilité des faits spirites, en a, après étude, reconnu publiquement la réalité. Que l'on dise de quel côté sont les garanties d'examen sérieux, de mûre réflexion ! Galilée, à ceux qui niaient le mouvement de la Terre répondait *« E pur si muove ! »* Crookes se prononce ainsi au sujet des faits spirites : « Je ne dis pas que cela peut être, Je dis que cela est. » La vérité, qualifiée d'utopie au début, finit toujours par prévaloir.

Constatons cependant que l'attitude de la presse à l'égard de ces phénomènes s'est sensiblement modifiée. On ne raille, on ne ridiculise plus ; on entrevoit qu'il y a là quelque chose de grave. Les grands journaux de Paris, Le *Figaro,* le *Matin,* l'*Éclair,* le *Journal,* le *Petit Parisien,* etc., publient fréquemment de sérieux articles sur ces matières. La doctrine du spiritualisme expérimental se répand dans le monde avec une rapidité prodigieuse. Aux Etat-Unis, ses adeptes se comptent par millions ; l'Europe occidentale est entamée, et jusque dans les milieux les plus reculés, des sociétés d'investigation se fondent, de nombreuses publications apparaissent. Un institut métapsychique a été fondé à Paris, avec le concours de l'État, pour l'étude expérimentale de ces faits.

Le concours de sujets particulièrement doués est indispensable pour l'obtention des phénomènes psychiques. Les Esprits ne peuvent agir sur les corps matériels et frapper nos sens sans une provision de fluide vrai qu'ils empruntent à ces sujets, appelés médiums. Tout le monde possède des rudiments de médiumnité, qui se développe par le travail et l'exercice.

L'âme, dans son existence d'outre-tombe, n'est pas dépourvue de forme. Elle possède un corps fluidique, de matière vaporeuse, quintessenciée, nommée *périsprit*, qui préexiste et survit au corps matériel, dont il est à la fois le canevas, le modèle et le moteur. Ce *périsprit* ou corps fluidique possède tout un organisme subtil, et c'est par son action, combinée avec le fluide vital des médiums, que l'Esprit se manifeste aux humains, fait entendre des coups, déplace des objets, correspond avec nous par des signes de convention. Dans certains cas, il peut même se rendre visible, tangible, produire de l'écriture directe, des messages, et jusqu'à des empreintes et des moulages de son enveloppe matérialisée. Tous ces faits ont été observés des milliers de fois par les savants que nous avons désignés et par des personnes de tout rang, de tout âge et de tout pays. Ils prouvent expérimentalement l'existence, autour de nous, d'un monde invisible, peuplé des âmes qui ont quitté la Terre, parmi lesquelles se trouvent celles que nous avons connues, aimées, et que nous rejoindrons un jour. Ce sont elles qui nous enseignent la philosophie consolante et grandiose dont nous avons esquissé plus haut les traits essentiels.

Et que l'on sache bien que ces manifestations, considérées, par tant d'hommes — sous l'empire des préjugés étroits — comme étranges, anormales, impossibles, ces manifestations ont toujours existé. Des rapports continus ont uni le monde des Esprits au monde des vivants. L'histoire en fait foi. L'apparition de Samuel à Saul, le génie familier de Socrate, ceux du Tasse [5] et de Jérôme Cardan, [6] les voix de Jeanne d'Arc, tant d'autres faits analogues, procèdent des mêmes causes. Seulement, ce que l'on considérait autrefois comme surnaturel et miraculeux se présente aujourd'hui avec un caractère rationnel, comme un ensemble de faits régis par des lois rigoureuses, dont l'étude fait naître en nous une conviction profonde, éclairée.

Le monde invisible n'est en réalité que le prolongement du monde visible. Au-delà des limites tracées par nos sens, il est des formes de la matière et de la vie dont la science comprend de plus en plus la possibilité, depuis que la découverte de la matière radiante, l'application des rayons X, les travaux de Hertz sur la télégraphie sans fil, de Lockyer sur les nébuleuses, ceux de Becquerel, Curie, Lebon sur la radioactivité des corps, lui ont ouvert tout un domaine ignoré de la nature.

Les faits spirites on le voit loin d'être méprisables, constituent une des plus grandes révolutions intellectuelles et morales qui se soient produites dans l'histoire du globe. Ils sont le plus sérieux argument que l'on puisse opposer au matérialisme. La certitude de revivre au-delà du tombeau, dans la plénitude de nos facultés et de notre conscience, fait perdre à la mort de son épouvantail. La connaissance des situations heureuses ou pénibles, faites aux Esprits par leurs bonnes ou mauvaises actions, est une puissante action morale. La perspective des progrès infinis, des conquêtes intellectuelles, qui attendent tous les êtres et les portent vers des destinées communes, peut seule rapprocher les hommes, les unir par des liens fraternels. La doctrine du Spiritisme expérimental est la seule philosophie positive qui réponde à tous les besoins moraux de l'humanité.

IX
RÉSUME ET CONCLUSION

En résumé, les principes qui découlent du Spiritisme, principes enseignés par les Esprits désincarnés, — beaucoup mieux placés que nous pour discerner la vérité — sont les suivants :

Existence de Dieu, intelligence directrice, loi vivante, âme de l'univers, unité suprême où viennent aboutir et s'harmoniser tous les rapports, foyer immense des perfections d'où rayonnent et se répandent dans l'infini toutes les puissances morales : Justice, Sagesse, Amour !

Immortalité de l'âme, essence spirituelle qui renferme à l'état de germe toutes les facultés, toutes les puissances ; qui est destinée à les développer par ses travaux, en s'incarnant sur les mondes matériels, en s'élevant par des existences successives et innombrables, de degré en degré, jusqu'à la perfection.

Communion des vivants et des morts ; action réciproque des uns sur les autres : permanence des rapports entre les deux mondes ; solidarité de tous les êtres, identiques dans leur origine et dans leurs fins, différents seulement par leur situation transitoire : les uns à l'état d'Esprits, libres dans l'espace, les autres, revêtus d'une enveloppe périssable, mais passant alternativement d'un état à l'autre, la mort n'étant qu'une période transitoire entre deux existences terrestres.

Progrès infini, Justice éternelle, Sanction morale ; l'âme, libre de ses actes et responsable, crée elle-même son avenir ; suivant son état normal, les fluides grossiers ou subtils qui composent son périsprit et qu'elle a attirés à elle par des habitudes et ses tendances ; ces fluides, soumis à la loi universelle d'attraction et de pesanteur, l'entraînent vers les globes inférieurs, vers les mondes de douleur où elle souffre, expie, rachète le passé, où la matière a moins d'empire, où règnent l'harmonie, la félicité. L'âme, dans sa vie supérieure et parfaite, collabore avec Dieu, forme les mondes, dirige leurs évolutions, veille au progrès des humanités, à l'accomplissement des lois éternelles.

Tels sont les enseignements que le Spiritisme expérimental nous apporte. Ils ne sont autres que ceux du Christianisme primitif, dégagé des formes d'un culte matériel, dépouillé des dogmes, des fausses interprétations, des erreurs, sous lesquels les hommes ont voilé, rendu méconnaissable la philosophie du Christ.

La nouvelle doctrine, en révélant l'existence d'un monde spirituel, invisible, aussi réel, aussi vivant que le nôtre, ouvre à la pensée humaine des horizons devant lesquels celle-ci hésite encore, interdite, éblouie. Mais les rapports que cette révélation facilite entre les morts et nous, les consolations, les encouragements qui en découlent, la certitude de retrouver tous ceux que nous croyions à jamais perdus, de recevoir d'eux les suprêmes enseignements, tout cela constitue un ensemble de forces, de ressources morales que l'homme ne saurait méconnaître ou dédaigner sans danger pour lui.

Cependant, malgré la haute valeur de cette doctrine, l'homme du siècle, profondément sceptique, engourdi dans ses préjugés, n'y aurait guère pris garde, si des faits n'étaient venus les appuyer. Pour frapper l'esprit humain, superficiel, indifférent, il fallait des manifestations matérielles, bruyantes. C'est pourquoi, vers 1850 et dans divers milieux, des meubles de toutes formes se mirent en branle, des murailles retentirent de coups sonores, des corps lourds se déplacèrent, contrairement aux lois physiques connues ; mais, après cette première phase grossière, les phénomènes spirites devinrent de plus en plus intelligents. Les faits d'ordre psychique (du grec *psuckè* , âme) succédèrent aux manifestations physiques, des médiums, écrivains, orateurs, somnambules, guérisseurs, se révélèrent, recevant mécaniquement ou intuitivement des inspirations dont la cause était en dehors d'eux, des apparitions visibles et tangibles se produisirent, et l'existence des Esprits devint incontestable pour tous les observateurs que n'aveuglait pas le parti pris.

Ainsi apparut à l'humanité la nouvelle croyance ; appuyée d'une part sur les traditions du passé, sur l'universalité de principes que l'on trouve à la source de toutes les religions et de la plupart des philosophies, de l'autre sur d'innombrables témoignages psychologiques, sur des faits observés en tous pays par des hommes de toutes conditions.

Chose remarquable, cette science, cette philosophie nouvelle, simple et accessible à tous, libre de tout appareil ou forme de culte, cette science arrive à l'heure où les mœurs se corrompent, où les liens sociaux se relâchent ; où le vieux monde erre à l'aventure, sans frein, sans idéal, sans loi morale, comme un navire privé de gouvernail flotte au gré des vents.

Tout homme qui observe et réfléchit ne peut se dissimuler que la société moderne traverse une crise redoutable. Une profonde décomposition la ronge sourdement. La haine qui divise les classes et l'appât du lucre, le désir des jouissances, deviennent de jour en jour plus âpres, plus ardents. On veut posséder à tout prix. Tous les moyens sont bons pour acquérir le bien-être, la fortune, seul but que l'on juge digne de la vie. De telles aspirations ne peuvent produire que deux conséquences : l'égoïsme impitoyable chez les heureux, le désespoir et la révolte chez les infortunés. La situation des petits, des humbles est douloureuse, et trop souvent ceux-ci, plongés dans une nuit morale où pas une consolation ne luit, cherchent dans le suicide la fin de leurs maux.

Le spectacle des inégalités sociales, les souffrances des uns opposées aux apparentes joies, à l'indifférence des autres, ce spectacle attise chez les déshérités d'ardentes convoitises. Déjà la revendication des biens matériels s'accentue. Que les masses profondes se lèvent, et le monde peut être ébranlé par d'atroces convulsions.

La science est impuissante à conjurer le mal, à relever les caractères, à panser les blessures des combattants de la vie. En réalité, il n'y a guère à notre époque que des sciences spéciales à certains côtés de la nature, rassemblant des faits, apportant à l'esprit humain une somme de connaissances qui leur est propre. C'est ainsi que les sciences physiques se sont prodigieusement enrichies depuis un demi-siècle, mais ces constructions éparses manquent de lien, d'unité, d'harmonie. La science par excellence, celle qui de la série des faits, remontera à la cause qui les produit, celle qui doit relier, unir ces sciences diverses en une grande et magnifique synthèse, en faire jaillir une conception générale de la vie, fixer nos destinées, en dégager une loi morale, une base d'amélioration sociale, cette science universelle, indispensable, n'existe pas encore.

Si les religions agonisent, si la foi vieillie se meurt, si la science est impuissante à fournir à l'homme l'idéal nécessaire, à régler sa marche, à améliorer les sociétés, tout sera-t-il désespéré ?

Non, car une doctrine de paix, de fraternité, de progrès se lève sur le monde troublé, vient apaiser les haines sauvages, calmer les passions, enseigner à tous la solidarité, le pardon, la bonté.

Elle offre à la science cette synthèse attendue sans laquelle celle-ci resterait à jamais stérile. Elle triomphe de la mort et, par-delà cette vie d'épreuves et de maux, ouvre à l'esprit les perspectives radieuses d'un progrès sans bornes dans l'immortalité.

Elle dit à tous : Venez à moi, je vous réchaufferai, je vous consolerai ; je vous rendrai la vie plus douce, le courage et la patience plus faciles, les épreuves plus supportables. J'éclairerai d'un puissant rayon votre obscur et tortueux chemin. À ceux qui souffrent je donne l'espérance ; à ceux qui cherchent, la lumière ; à ceux qui doutent et désespèrent, la certitude et la foi.

Elle dit à tous : Soyez frères, aidez-vous, soutenez-vous dans votre marche collective. Votre but est plus loin que cette vie matérielle et transitoire ; il est dans cet avenir spirituel qui vous réunira comme les membres d'une seule famille, à l'abri des soucis, des besoins et des maux sans nombre. Méritez-le donc par vos efforts et vos travaux !

L'humanité se relèvera grande et forte le jour où cette doctrine, source infinie de consolations, sera comprise et acceptée. Ce jour-là, l'envie et la haine s'éteindront au cœur des petits ; le puissant, sachant qu'il a été faible, et qu'il peut le redevenir, que sa richesse n'est qu'un prêt d'en haut, deviendra plus secourable, plus doux pour ses frères malheureux. La science, complétée, fécondée par la philosophie nouvelle, chassera devant elle les superstitions, les ténèbres. Plus d'athées, de sceptiques. Une foi simple, large, fraternelle, s'étendra sur les nations, fera cesser leurs ressentiments, leurs rivalités profondes, La Terre, débarrassée des fléaux qui la dévorent, poursuivant son ascension morale, s'élèvera d'un degré dans l'échelle des mondes.

Il faut se rappeler qu'en chacun de nous dorment inutiles, improductives, des richesses infinies. De là, notre indigence apparente, notre tristesse et, parfois même, le dégoût de la vie. Mais ouvrez votre cœur, laissez-y descendre le rayon, le souffle régénérateur, et alors une vie plus intense et plus belle s'éveillera en vous. Vous prendrez goût à mille choses qui vous étaient indifférentes, et qui feront le charme de vos jours. Vous vous sentirez grandir ; vous marcherez dans l'existence d'un pas plus ferme, plus sûr, et votre âme deviendra comme un temple rempli de lumière, de splendeur et d'harmonie.

Léon Denis
Extrait du livre Jeanne d'Arc médium

Le Spiritisme s'est répandu. Il a envahi le monde. D'abord méprisé, honni, il a fini par attirer l'attention, par éveiller l'intérêt. Tous ceux que ne retenaient pas les lisières des préjugés et de la routine et qui l'ont abordé avec franchise, ont été conquis par lui. Maintenant, il pénètre partout, s'assied à toutes les tables, prend place à tous les foyers. À ses appels, les vieilles forteresses séculaires, la science et l'église, elles-mêmes hermétiquement fermées jusqu'ici, abaissent leurs murailles, entrebâillent leurs issues. Bientôt il s'imposera comme un maître.

Léon Denis
Extrait du livre dans l'invisible

LA VIEILLESSE

Par Léon Denis

La vieillesse est l'automne de la vie ; sur son dernier déclin, elle en est l'hiver. Rien qu'à prononcer ce mot de vieillesse, on sent déjà le froid qui monte au cœur ; la vieillesse, selon l'estimation commune des hommes, c'est la décrépitude, la ruine ; elle récapitule toutes les tristesses, tous les maux, toutes les douleurs de la vie ; c'est le prélude mélancolique et désolé du final adieu.

Il y a là une grave erreur. D'abord, en règle générale, aucune phase de la vie humaine n'est entièrement déshéritée des dons de la nature, encore moins des bénédictions de Dieu. Pourquoi la dernière étape de notre existence, celle qui précède immédiatement le couronnement de la destinée, serait-elle plus désolée que les autres ? Ce serait là une contradiction — et il ne saurait y en avoir dans l'œuvre divine — tout y est harmonie, comme dans la vivante composition d'un impeccable concert. Au contraire, la vieillesse est belle, elle est grande, elle est sainte ; et nous allons l'étudier un instant, à la lumière pure et sereine du spiritisme.

Cicéron a écrit un éloquent traité de la vieillesse. Sans doute, nous retrouvons dans ces pages célèbres quelque chose du génie harmonieux de ce grand homme ; néanmoins, c'est une œuvre purement philosophique et qui ne contient que des vues froides, une résignation stérile, et de pures abstractions.

C'est à un autre point de vue qu'il faut se placer, pour comprendre et pour admirer cette péroraison auguste de l'existence terrestre.

La vieillesse récapitule tout le livre de la vie, elle résume les dons des autres époques de l'existence, sans en avoir les illusions, ni les passions, ni les erreurs. Le vieillard a vu le néant de tout ce qu'il quitte ; il a entrevu la certitude de tout ce qui va venir, c'est un voyant. Il sait, il croit, il voit, il attend. Autour de son front, couronné d'une blanche chevelure comme de la bandelette hiératique des anciens pontifes, il plane une majesté toute sacerdotale. À défaut des rois, chez certains peuples, c'étaient les Anciens qui gouvernaient.

La vieillesse est encore, et malgré tout, une des beautés de la vie, et certainement une de ses harmonies les plus hautes. On dit souvent : quel beau vieillard ! Si la vieillesse n'avait pas son esthétique particulière, pourquoi cette exclamation ?

Toutefois, il ne faut pas oublier qu'à notre époque, y a, comme le disait déjà Chateaubriand, beaucoup de vieux, ce qui n'est pas la même chose et peu de vieillards. Le vieillard, en effet, est bon il est indulgent, il aime et encourage la jeunesse, son cœur, a lui, n'a point vieilli, tandis que les vieux sont jaloux, malveillants et sévères ; et si nos jeunes générations n'ont plus pour les aïeux le culte d'autrefois, n'est-ce pas, précisément, parce que les vieux ont perdu la haute sérénité, la bienveillance aimable qui faisait jadis la poésie des antiques foyers. La vieillesse est sainte, elle est pure comme la première enfance c'est par cela qu'elle rapproche de Dieu et qu'elle voit plus clair et plus loin dans les profondeurs de l'infini.

Elle est, en réalité, un commencement de dématérialisation. L'insomnie, qui est la caractéristique ordinaire de cet âge, en est la preuve matérielle. La vieillesse ressemble à une veille prolongée. La veille de l'éternité, et le vieillard est comme la sentinelle avancée sur l'extrême frontière de la vie ; il a déjà un pied dans la terre promise et voit l'autre rive et le second versant de la destinée. De là ces « absences étranges », ces distractions prolongées, que l'on prend pour un affaiblissement mental et qui ne sont en réalité que des explorations momentanées dans l'au-delà, c'est-à-dire des phénomènes d'expatriation passagère. Voilà ce que l'on ne comprend pas toujours. La vieillesse, a-t-on dit souvent : c'est le soir de la vie, c'est la nuit. Le soir de la vie, c'est vrai ; mais il y a de si beaux soirs et des couchers de soleil qui ont des reflets d'apothéose ! C'est la nuit : c'est encore vrai, mais la nuit est si belle avec sa parure de constellations ! Comme la nuit, la vieillesse a ses voies lactées, ses routes blanches et lumineuses, reflet splendide d'une longue vie pleine de vertu, de bonté et d'honneur !

La vieillesse est visitée par les Esprits de l'invisible ; elle a des illuminations instinctives ; un don merveilleux de divination et de prophétie : elle est la médiumnité permanente et ses oracles sont l'écho de la voix, de Dieu. Voilà pourquoi les bénédictions du vieillard sont deux fois saintes ; on doit garder dans son cœur les derniers accents du vieillard qui meurt, comme l'écho lointain d'une voix aimée de Dieu et respectée des hommes.

La vieillesse, lorsqu'elle est digne et pure, ressemble au neuvième livre de la sibylle qui, à lui seul, vaut le prix de tous les autres, parce qu'il les récapitule et qu'en résumant toute la destinée humaine, il annule les autres livres. Poursuivons notre méditation sur la vieillesse, et étudions le travail intérieur qui s'accomplit en elle. « De toutes les histoires, a-t-on dit, la plus belle, est celle des âmes. » Et cela est vrai. Il est beau de pénétrer dans ce monde intérieur et d'y surprendre les lois de la pensée, les mouvements secrets de l'amour.

La vieillesse envisagée dans toute sa réalité, ramène l'âme à la vraie jeunesse et à une nouvelle renaissance dans un monde meilleur.

L'âme du vieillard est une crypte mystérieuse, éclairée par l'aube initiale du soleil de l'autre monde. De même que les initiations antiques s'accomplissaient dans les salles profondes des Pyramides, loin du regard et du bruit des mortels distraits et inconscients, c'est, pareillement, dans la crypte souterraine de la vieillesse que s'accomplissent les initiations sacrées qui préludent aux révélations de la mort.

Les transformations ou plutôt les transfigurations opérées dans les facultés de l'âme par la vieillesse sont admirables. Ce travail intérieur se résume dans un seul mot : la simplicité. La vieillesse est éminemment simplificatrice de toutes choses. Elle simplifie d'abord le côté matériel de la vie ; elle supprime tous les besoins factices, les mille nécessités artificielles que la jeunesse et l'âge mur vous avaient créés, et qui avaient fait de notre existence compliquée un véritable esclavage, une servitude, une tyrannie. Nous l'avons dit plus haut : c'est un commencement de spiritualisation.

Le même travail de simplification s'accomplit dans l'intelligence. Les choses admises deviennent plus transparentes ; au fond de chaque mot on trouve l'idée ; au fond de chaque idée on entrevoit Dieu.

Le vieillard a une faculté précieuse : celle d'oublier. Tout ce qui a été futile, inutile dans sa vie, s'efface ; il ne garde dans sa mémoire, comme au fond d'un creuset, que ce qui a été substantiel.

Le front du vieillard n'a plus rien de l'attitude fière et provocatrice de la jeunesse et de l'âge viril ; il se penche sous le poids de la pensée comme de l'épi mûr.

Le vieillard courbe la tête et l'incline sur son cœur. Il s'applique à convertir en amour tout ce qui reste en lui de facultés, de vigueur et de souvenirs. La vieillesse n'est donc pas une décadence : elle est réellement un progrès ; une marche en avant vers le terme : à ce titre c'est une des bénédictions du Ciel.

La vieillesse est la préface de la mort ; c'est ce qui la rend sainte comme la veille solennelle que faisaient les Initiés antiques avant de soulever le voile qui recouvrait les mystères. La mort est donc une initiation.

Toutes les religions, toutes les philosophies ont tenté d'expliquer la mort ; bien peu lui ont conservé son véritable caractère. Le christianisme l'a divinisée ; ses saints l'ont regardée noblement en face, ses poètes l'ont chantée comme une délivrance. Cependant, les saints du catholicisme n'ont vu en elle que l'exonération des servitudes de la chair, la rançon du péché, et, à cause de cela même, les rites funéraires de la liturgie catholique répandent une sorte de terreur sur cette péroraison, pourtant si naturelle, de l'existence terrestre.

La mort est simplement une seconde naissance ; on quitte ce monde de la même manière qu'on y est entré, selon l'ordre de la même loi.

Quelque temps avant la mort, un travail silencieux s'accomplit. La dématérialisation est déjà commencée. À certains signes, on pourrait la constater, si ceux qui entourent le mourant n'étaient pas distraits par les choses du dehors. La maladie joue ici un rôle considérable. Elle achève en quelques mois, en quelques semaines, en quelques jours peut-être, ce que le lent travail de l'âge avait préparé : c'est l'œuvre de « dissolution » dont parle l'apôtre Paul. Ce mot de « dissolution » est très significatif : il indique nettement que l'organisme se désagrège et que le périsprit se « délie » du reste de la chair dont il était enveloppé.

Que se passe-t-il à ce moment suprême que toutes les langues appellent « l'agonie », c'est-à-dire le dernier combat ? On le pressent, on le devine. Un grand poète mourant traduisit cet instant solennel par ces vers :

C'est ici le combat du jour et de la nuit.

En effet, l'âme est entrée dans un état crépusculaire ; elle est sur la limite extrême, sur la frontière des deux mondes et visitée par les visions initiales de celui dans lequel elle va entrer. Le monde qu'elle quitte lui envoie les fantômes du souvenir, et tout un cortège d'Esprits lui arrive du côté de l'aurore.

On ne meurt jamais seul, de même qu'on ne naît jamais seul. Les invisibles qui l'ont connu, aimé, assisté ici-bas viennent aider le mourant à se débarrasser des dernières chaînes de la captivité terrestre.

À cette heure solennelle, les facultés s'agrandissent, l'âme, à moitié dégagée, se dilate ; elle commence à rentrer dans son atmosphère naturelle, à reprendre sa vie vibratoire normale, et c'est pour cela qu'à cet instant il se révèle chez quelques mourants des phénomènes curieux de médiumnité. La Bible est pleine de ces révélations suprêmes. La mort du patriarche Jacob est le type accompli de la dématérialisation et de ses lois. Ses douze fils sont réunis autour de sa couche, comme une vivante couronne funéraire. Le vieillard se recueille, et après avoir récapitulé son passé, ses souvenirs, il prophétise à chacun d'eux l'avenir de sa famille et sa race. Sa vue s'étend plus loin encore ; il aperçoit à l'extrémité des temps celui qui doit un jour récapituler toute la médiumnité séculaire du vieil Israël : le Messie, et il montre comme le dernier rejeton de sa race, celui qui résumera toute la gloire de la postérité de Jacob. Aucun pharaon, dans son orgueil, ne mourut avec autant de grandeur que ce vieillard obscur et ignoré qui expirait dans un coin de la terre de Gessen.

Le soir de la vie, c'est la fin d'un pénible voyage et souvent d'une dure épreuve, c'est le moment de la réflexion où la pensée calme et sereine s'élève vers les régions infinies.

Revenons à l'acte même de la mort. La dématérialisation s'est accomplie, le périsprit se dégage de l'enveloppe charnelle, qui vit encore quelques heures, quelques jours peut-être, d'une vie purement végétative. Ainsi les états successifs de la personnalité humaine se déroulent dans l'ordre inverse de celui qui a présidé à la naissance. La vie végétative qui avait commencé dans le sein maternel s'éteint cette fois - ci, la dernière ; la vie intellectuelle et la vie sensitive sont les deux premiers départs.

Que se passe-t-il alors ? L'Esprit, c'est-à-dire l'âme et son enveloppe fluidique, et, par conséquent, le moi, emporte la dernière impression morale et physique qui l'a frappé sur la terre ; il la garde un temps plus ou moins prolongé, selon son degré d'évolution. C'est pourquoi il importe d'entourer l'agonie des mourants de paroles douces et saintes, de pensées élevées, car ce sont ces derniers bruits, ces derniers gestes, ces ultimes images qui s'impriment sur les feuillets du livre subliminal de la conscience ; c'est la dernière ligne que lira le mort dès son entrée dans l'au-delà ou plutôt dès qu'il aura conscience de son nouveau mode d'être.

La mort est donc, en réalité, un passage ; c'est une transition et une translation. Si nous devions emprunter à la vie moderne une image, nous la comparions volontiers à un tunnel. En effet, l'âme avance dans le défilé de la mort plus ou moins lentement, selon son degré de dématé-rialisation et spiritualité.

La mort est donc un mensonge, puisque la vie, paraît éteinte, reparaît de plus belle, plus radieuse, dans la certitude de l'immortalité de l'âme. Elle est le réveil béni.

Les âmes supérieures, qui ont toujours vécu dans les hautes sphères de la pensée et de la vertu, traversent cette obscurité avec la rapidité de l'express qui débouche en un instant dans la pleine lumière de la vallée ; mais c'est le privilège d'un petit nombre d'esprits évolués : ce sont les élus et les sages.

Nous ne parlerons pas ici des criminels, des êtres animalisés, aux instincts grossiers, qui ont vécu ou plutôt végété toute une existence dans les bas-fonds du vice ou dans le cloaque du crime. Pour ceux-ci, c'est la nuit, et la nuit pleine de hideux cauchemars. Nous avons peine, cependant, à croire que les frontières de l'au-delà et le passage du temps à la vie erratique soient peuplés de ces êtres effrayants que les occultistes nomment les élémentals. Il ne faut voir là que des symboles et des images, reflets des passions, des vices, des crimes que les pervers ont commis ici-bas. N'envisageons ici que les vies ordinaires, les existences qui suivent tranquillement les phases logiques de leur destinée. C'est la condition commune de la plupart des mortels.

L'âme est entrée dans la sombre galerie : elle y demeure dans l'obscurité ou plutôt dans une pénombre proche de la lumière. C'est le crépuscule de l'au-delà. Les poètes ont très heureusement rendu cet état et décrit ce demi-jour, ce clair-obscur du monde extraterrestre.

Ici, les analogies entre la naissance et la mort sont frappantes. L'enfant reste plusieurs semaines avant de fixer la lumière et de prendre conscience de ce qui l'entoure. Ses yeux ne sont pas encore dessillés, pas plus que la radiation de sa pensée.

Ainsi, le nouveau-né au monde invisible demeure, lui aussi ; quelque temps avant de prendre conscience de sa modalité d'être et de sa destinée. Il entend à la fois les murmures lointains ou proches des deux inondés ; il entrevoit des mouvements et des gestes qu'il ne saurait préciser ni définir. Entré à moitié dans la quatrième dimension, il perd la notion précise de la troisième, dans laquelle il avait jusque-là toujours évolué. Il ne se rend plus compte ni de la quantité, ni du nombre, ni de l'espace, ni du temps, puisque ses sens qui, comme autant d'instruments d'optique, lui aidaient à calculer, à mesurer et la peser, se sont refermés tout d'un coup comme une porte à jamais condamnée. Quel état étrange que celui de cette âme qui tâtonne, comme l'aveugle, sur le chemin de l'au-delà ! Et cependant cet état est réel.

À ce moment, les influences magnétiques de la prière, du souvenir, de l'amour peuvent jouer un rôle considérable et hâter l'avènement des clartés révélatrices qui vont illuminer cette conscience encore endormie, cette âme « en peine » de sa destinée. La prière, dans ce cas, est une véritable évocation ; c'est le cri d'appel à l'âme indécise et flottante. Voilà pourquoi l'oubli des morts, la négligence de leur culte sont coupables et nous méritent plus tard des oublis semblables.

Toutefois, cette période de transition, cette halte dans le tunnel de la mort sont absolument nécessaires, comme préparation à la vision de lumière qui doit succéder à l'obscurité. Il faut que les sens psychiques se proportionnent graduellement au nouveau foyer qui va les éclairer. Un passage subit, sans transition aucune, de cette vie à l'autre, serait un éblouissement qui produirait un trouble prolongé. « Natura non facit saltus » (La nature ne fait pas de sauts) dit le grand Limé ; cette loi régit pareillement les étapes progressives du dégagement spirituel.

Il faut que la vision de l'âme s'agrandisse, que l'oiseau de nuit, qui ne peut fixer le lever de l'aurore, affermisse sa prunelle et puisse, comme l'aigle, regarder en face le soleil, d'un œil intrépide. Ce travail de préparation s'accomplit progressivement, durant la halte plus ou moins prolongée dans le tunnel qui précède la vie erratique proprement dite peu à peu la lumière se fait d'abord très pâle, comme l'aube initiale qui se lève sur la crête des monts ; puis, à l'aube succède l'aurore ; cette fois-ci, l'âme entrevoit le monde nouveau qu'elle habite : elle se lit et se comprend, grâce à une lumière subtile qui la pénètre dans toute son essence.

Graduellement, toute sa destinée, avec ses vies antérieures et surtout avec la notion consciente et réflexe de la dernière, va se révéler comme dans un cliché cinématographique vibratoire et animé. L'esprit, alors, comprend ce qu'il est, où il est, ce qu'il vaut.

Les âmes vont d'un instinct infaillible dans la sphère proportionnée à leur degré d'évolution, à leur faculté d'illumination, à leur aptitude actuelle de perfectibilité. Les affinités fluidiques les conduisent, comme une brise douce, mais impérieuse, qui pousse une nacelle, vers d'autres âmes similaires, avec lesquelles elles vont s'unir dans une sorte d'amitié, de parenté magnétique ; et ainsi la vie, une vie vraiment sociale, mais d'un degré supérieur, se reconstitue absolument comme autrefois ici-bas, car l'âme humaine ne saurait renoncer à sa nature. Sa structure intime, sa faculté de rayonnement lui imposent la société qu'elle mérite.

Dans l'au-delà se reforment les familles, les groupes d'âmes, les cercles d'esprits, selon les lois de l'affinité et de la sympathie.

Le purgatoire est visité par les anges, disent les mystiques théologiens. Le monde erratique est visité, dirigé, harmonisé par les Esprits supérieurs, dirons-nous.

Ici-bas, parmi les élus du génie, de la sainteté et de la gloire, il y a eu et il y aura toujours des initiateurs. Ce sont des prédestinés, des missionnaires, qui ont reçu pour tâche de faire avancer le monde dans la vérité et dans la justice, au prix de leurs efforts, de leurs larmes et quelquefois de leur sang.

Les hautes missions de l'âme ne cessent jamais. Les Esprits sublimes, qui ont instruit et amélioré leurs semblables sur la terre, continuent dans un monde supérieur, dans un cadre plus vaste, leur apostolat de lumière et leur rédemption d'amour.

C'est ainsi, comme nous le disions au début de ces pages, que l'histoire éternellement recommence et devient de plus en plus universelle. La loi circulaire qui préside à l'éternel progrès des états et des mondes se déroule sans cesse dans des sphères et en des orbes chaque fois agrandis ; tout recommence en haut, en vertu de la même loi qui fait tout évoluer en bas. Tout le secret de l'univers est là.

Les âmes qui ont conscience d'avoir manqué leur dernière existence comprennent la nécessité de se réincarner et s'y préparent. Tout s'agite, tout se meut dans ces sphères toujours en vibration et en mouvement. C'est l'activité incessante, ininterrompue, progressive, éternelle.

Le travail des peuples sur la terre n'est rien en comparaison de ce labeur harmonieux de l'Invisible. Là-haut, aucune entrave matérielle, aucun obstacle charnel n'arrête les élans, ne décourage ou ne ralentit l'essor. Aucune hésitation, aucune anxiété, nulle incertitude. L'âme voit le but, elle sait les moyens, elle se précipite dans le sens où elle doit l'atteindre. Qui nous décrira l'harmonie dans ces pures intelligences, l'effort de ces droites volontés, l'élan de ces amours plus forts que la mort ?

Quelle langue pourra jamais redire la communion sublime et fraternelle de ces esprits qui tiennent entre eux des dialogues ardents comme la lumière, subtils comme des parfums, où chaque vibration magnétique a son écho dans l'âme même de Dieu ? Telle est la vie céleste ; telle est la vie éternelle, et ce sont ces perspectives que la mort ouvre indéfiniment devant nous ! Ô homme ! Comprends donc ton destin, sois fier et heureux de vivre ; ne blasphème pas la loi d'amour et de beauté qui trace devant toi des chemins aussi amples et aussi radieux ! Accepte la vie telle qu'elle est, avec ses phases, ses alternatives, ses vicissitudes ; elle n'est que la préface, le prélude d'une vie plus haute, où tu planeras comme l'aigle dans l'immensité, après avoir péniblement rampé dans un monde matériel et imparfait.

Ce n'est donc point par un hymne funèbre qu'il faut accueillir la mort, mais par un chant de vie ; car ce n'est point l'astre du soir qui se lève, cruel, mais bien l'étoile radieuse du véritable matin.

Chante, ô âme, l'hymne triomphal, l'hosanna du siècle nouveau, dans lequel tout va naître pour des destinées plus glorieuses. Monte toujours plus haut dans la pyramide infinie de lumière ; et comme le héros de la légende d'Excelsior, va planter ta tente sur les Thabors radieux de l'Incommensurable, de l'Éternel !

FIN DU LIVRE

{1} Depuis quelques années, une certaine école s'efforce de substituer au dualisme de la matière et de l'esprit la théorie de l'unité de substance. Pour elle la matière et l'esprit sont des états divers d'une seule et même substance qui, dans son évolution éternelle, s'affine, s'épure, devient intelligente et consciente. Sans aborder ici la question de fond qui nécessiterait de longs développements, il faut reconnaître que l'idée qu'on s'est fait jusqu'ici de la matière était erronée. Grâce aux découvertes de Crookes, Becquerel, Curie, Lebon, la matière nous apparaît aujourd'hui sous des états très subtils et, dans ces états, elle revêt des propriétés infiniment variées. Sa souplesse est extrême. À un certain degré de raréfaction, elle se change en force. G. Lebon a pu dire, avec une apparence de raison, que la matière n'est que de la force condensée et la force, de la matière dissociée. Quant à déduire de ces faits que la force s'intelligente à un moment donné de son évolution et devient consciente, c'est là encore une hypothèse. Pour nous, il y a, entre l'être et le non-être, une différence d'essence. D'un autre côté, le monisme Haeckelien, en refusant à l'esprit humain une vie indépendante du corps et en rejetant toute notion de la survivance, aboutit logiquement aux mêmes conséquences que le matérialisme positiviste et encourt les mêmes critiques.

{2} Salomon de Caus. Ingénieur français. (1576-1626) On doit le considérer comme le véritable inventeur de la machine à vapeur .

{3} Harvey Médecin anglais (1578-1657). Il découvrit la circulation du sang.

{4} Galvani Physicien italien (1737-1798).

{5} Tasse : Poète italien (1544-1595)

{6} Jérôme Cardan : mathématicien, médecin et philosophe italien. (1501-1576)

Table des matières